Dedicated to Niki, Dimitris, Lelis - Cha
Dedicated to my wonderfully patient husban
Dora and her family, our parents - Eli

Copyright © 2020 Elisavet Arkolaki, Charikl

Translated into Hungarian by Maria Ballai.

All rights reserved.

No part of this work may be reproduced, stored in a retrieval system, or submitted in any form or by any means, electronic, mechanical, photocopying, recording or otherwise, without the prior written permission of the publisher, except in the case of brief quotations embodied in critical reviews and certain other non-commercial uses permitted by copyright law. This book may not be lent, resold, hired out or otherwise disposed of by way of trade in any form of binding or cover other than that in which it is published, without the prior written consent of the publisher. Custom editions can be created for special purposes.

For permission requests and supplementary teaching material, please write to the publisher at liza@maltamum.com www.maltamum.com

ISBN 9798540225250

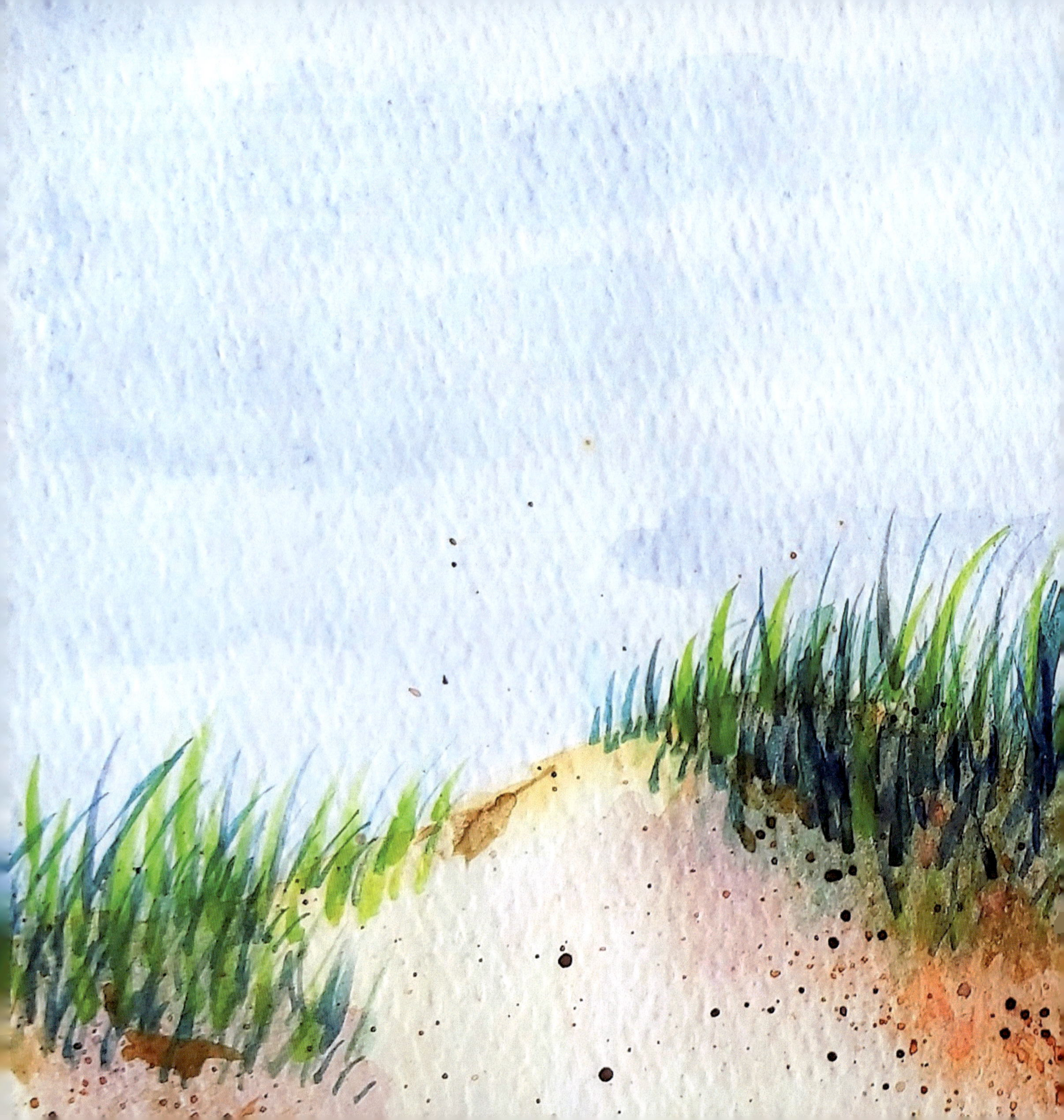

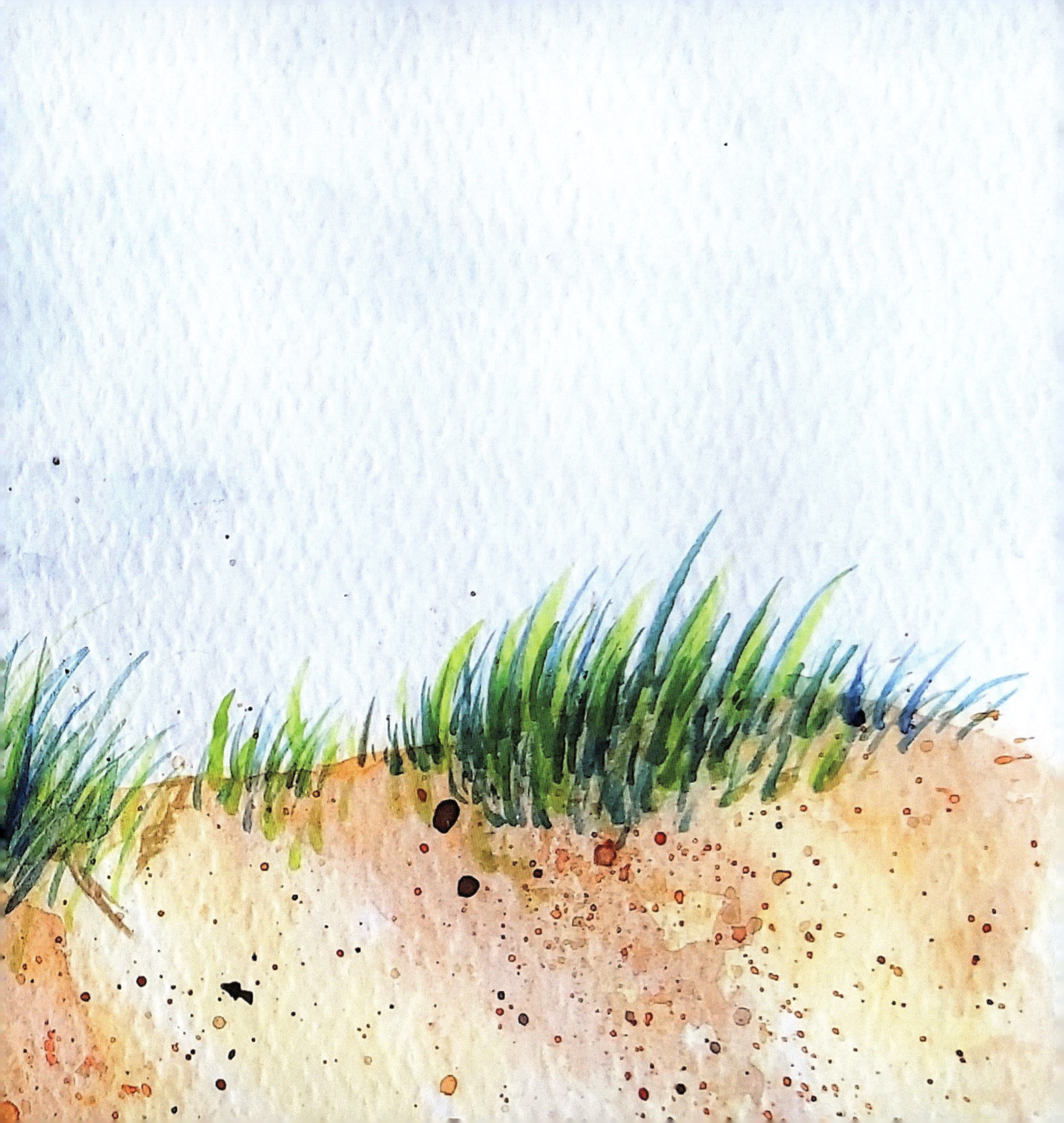

Today, I felt like painting the sea. We took our brushes, watercolors, art pads, and a glass of water and sat on the veranda to paint. A little blue, a little yellow, a little brown and look, that's how it all started.

Ma kedvem támadt lefesteni a tengert. Fogtuk az ecseteket, a vízfestékeket, a rajzfüzetet és egy pohár vizet, és leültünk a verandára festeni. Egy kis kék, egy kis sárga, egy kis barna – így kezdődött az egész.

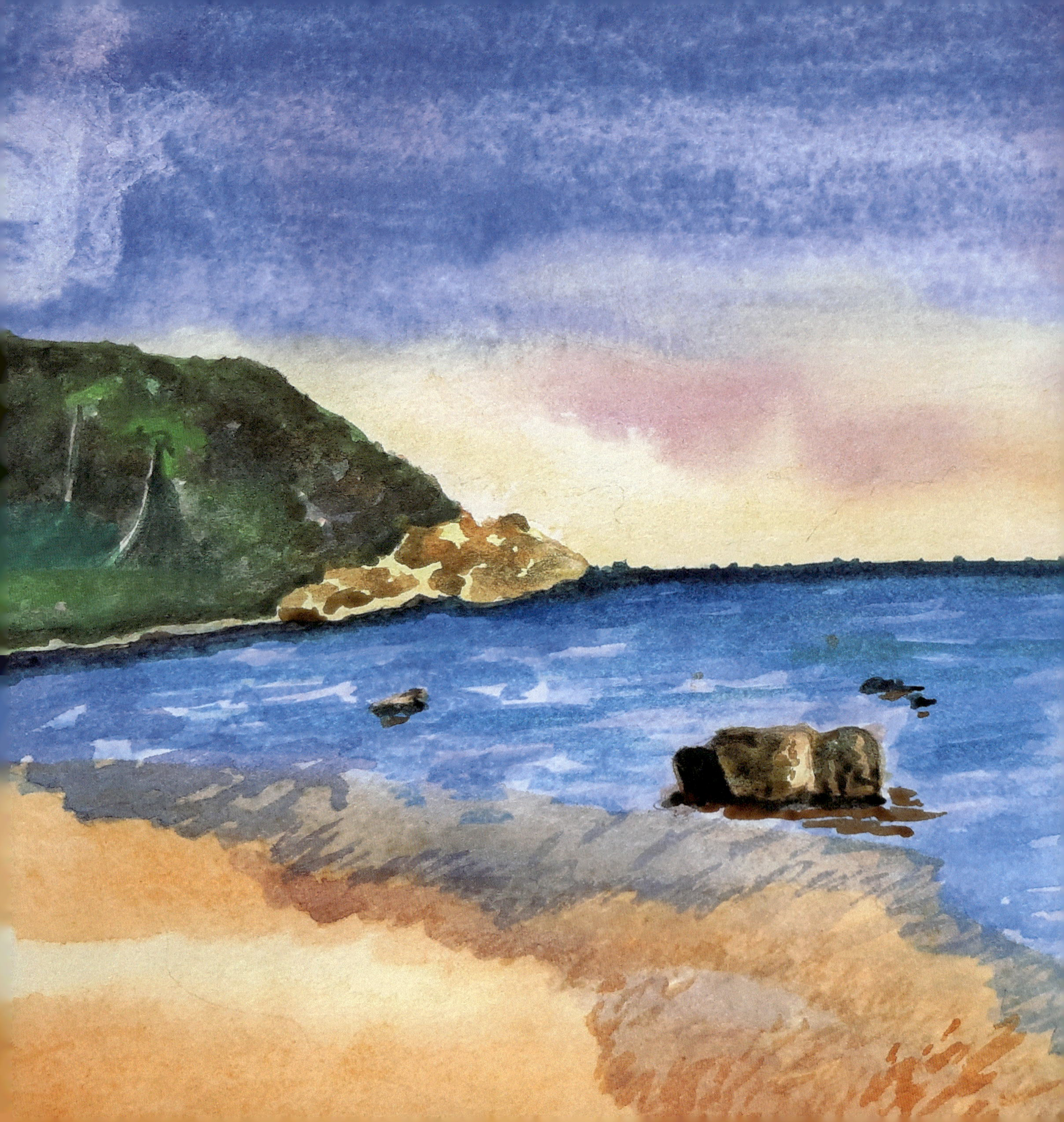

I was reminded of the summer vacations we took, to the place where my mother grew up, and I added some rocks to the landscape. Purple for sparse clouds and this green for the hill seem to be a great match.

Eszembe jutottak a nyári vakációk, amikor elmentünk oda, ahol anyukám felnőtt, és rajzoltam még pár sziklát a tájra. Annak a néhány felhőnek a lila színe és a domb zöldje remekül illik egymáshoz.

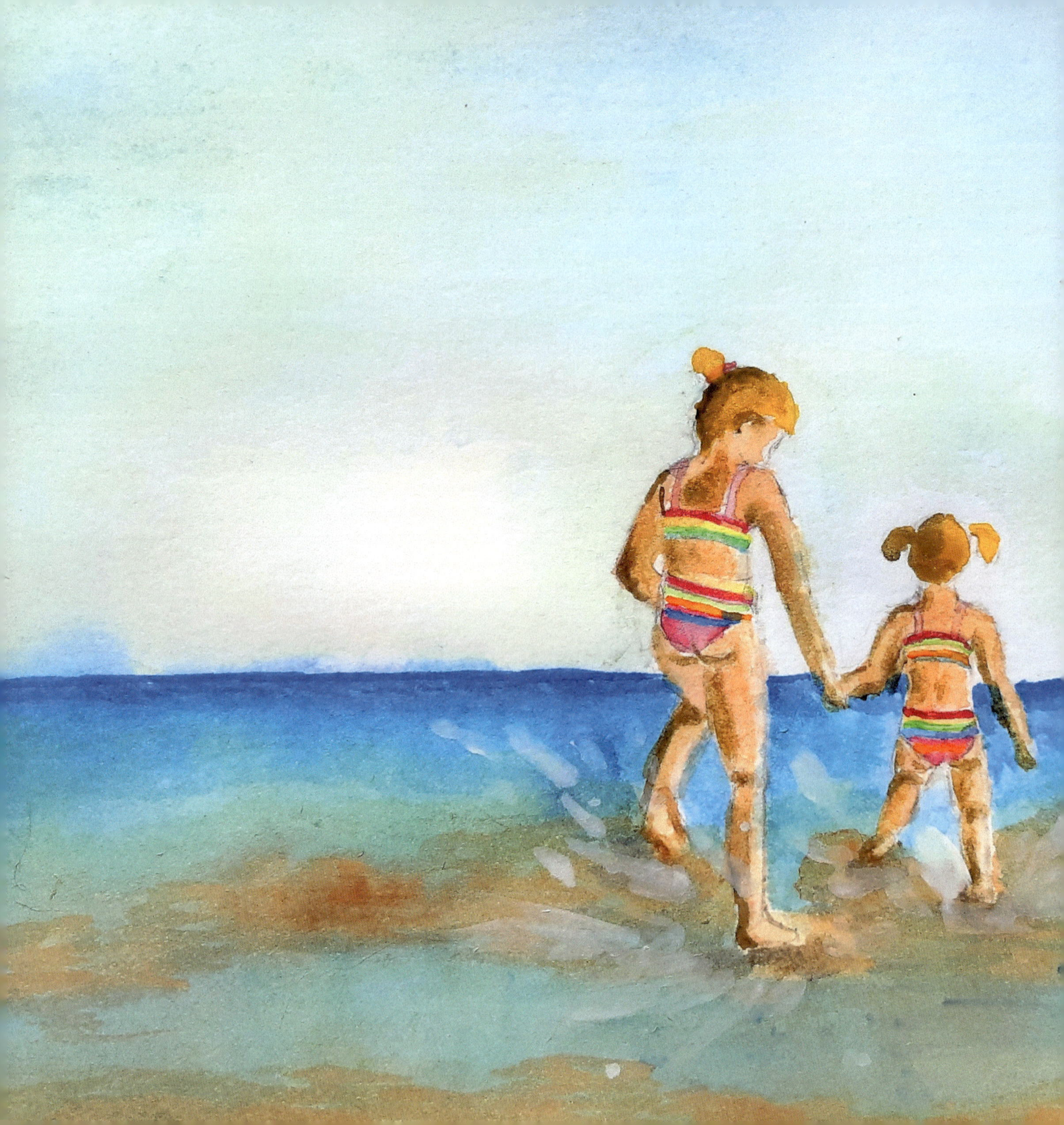

We'd go to the sea every morning and play there for hours. All the colors of summer were imprinted on our swimsuits. Intense yellow, intense blue, and intense orange.

Minden reggel elmentünk a tengerhez, és órákon át játszottunk. A nyár minden színe tükröződött a fürdőruhánkon. Élénksárga, élénkkék és élénk narancssárga.

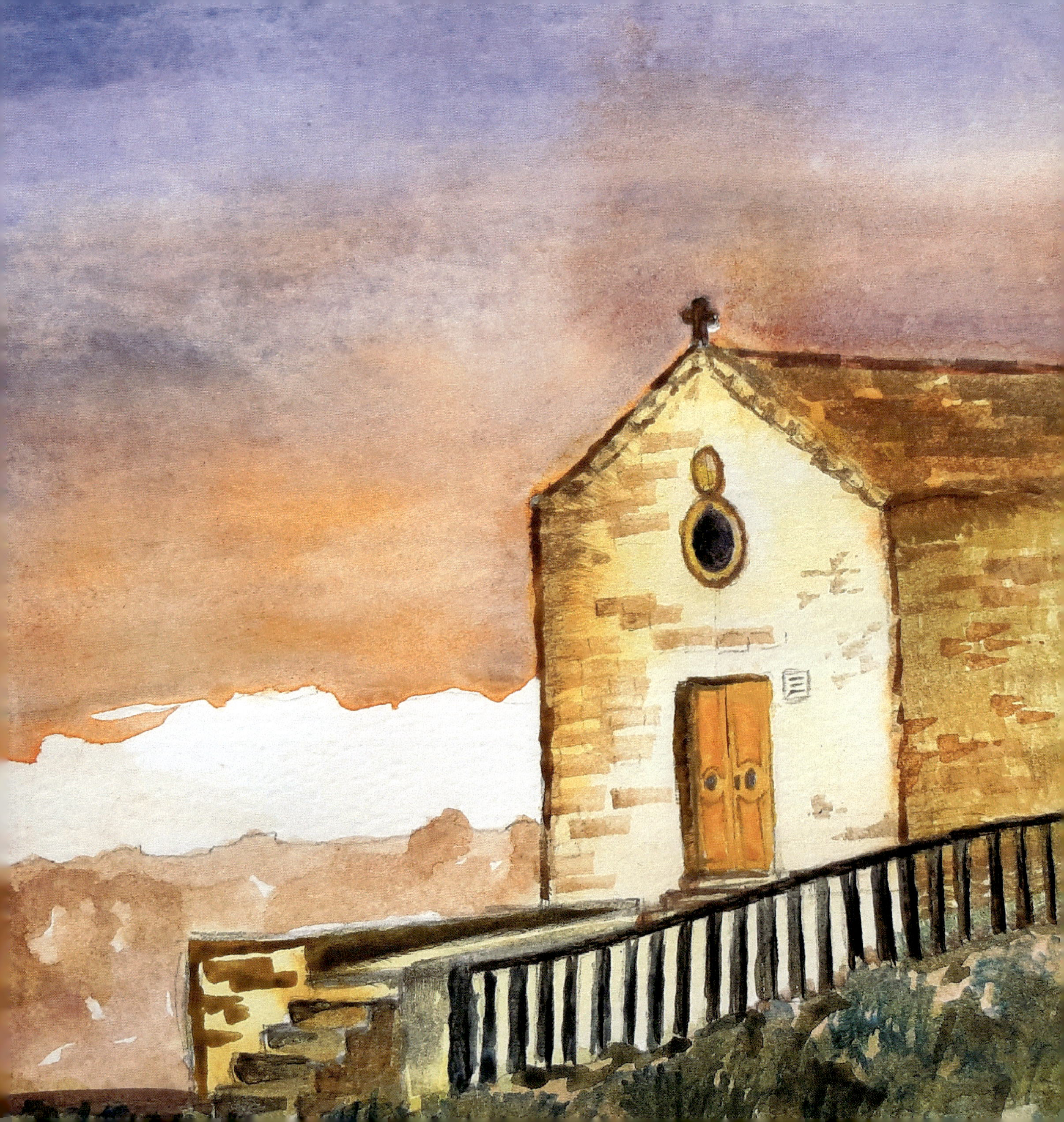

I also remembered the small church. It was on the hill. Our grandmother would sometimes take us there before we returned home for lunch. I'll mix a little brown, a little yellow, and a little green.

Eszembe jutott a kis templom is. A dombon állt. A nagymamánk elvitt minket néha oda, mielőtt hazamentünk volna ebédelni. Összekeverek egy kis barnát, egy kis sárgát és egy kis zöldet.

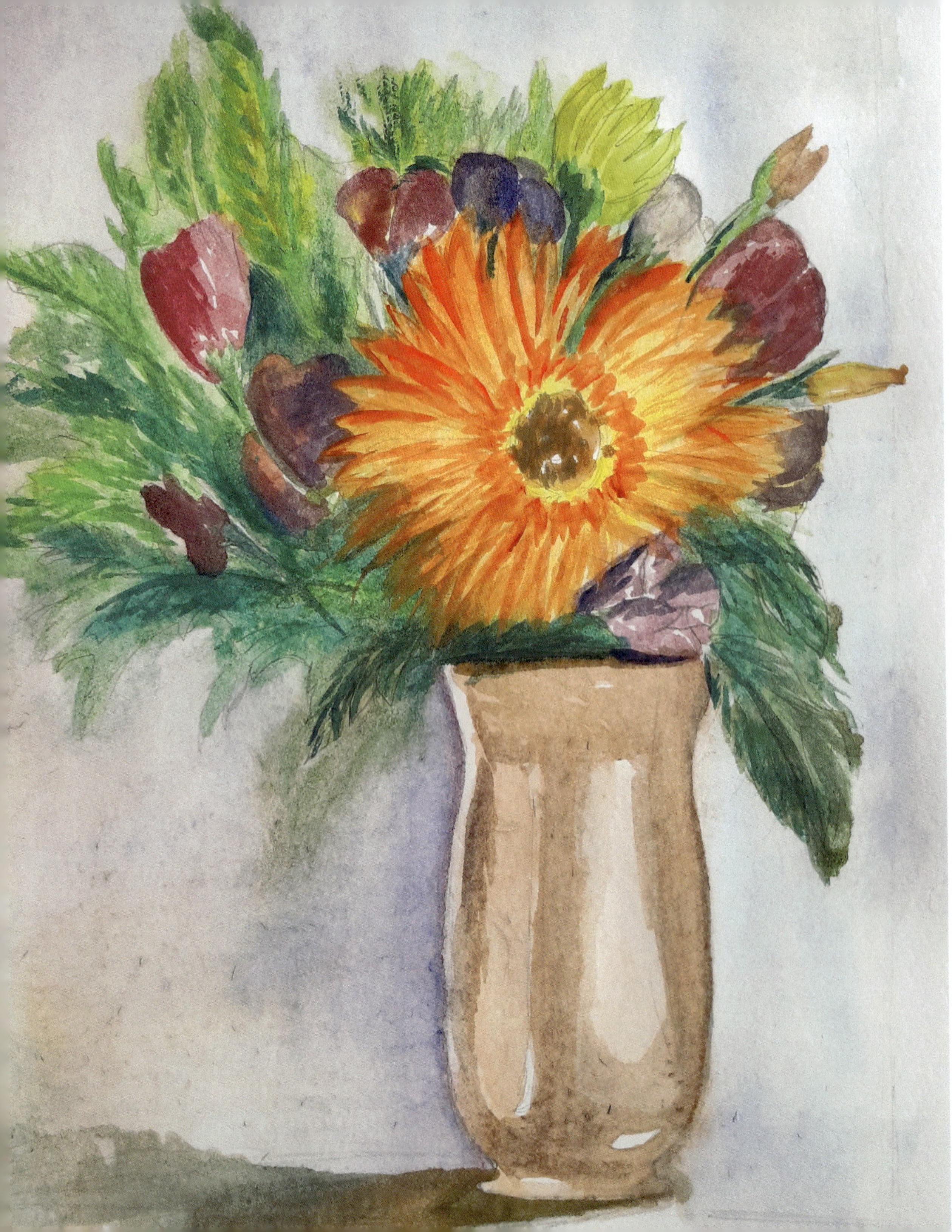

On the way back we often picked wildflowers to arrange them in a vase. I think orange, purple and green are very suitable here.

Az úton hazafelé gyakran vadvirágokat szedtünk, hogy vázába tegyük őket. Azt hiszem, a narancssárga, a lila és a zöld remekül mutat itt.

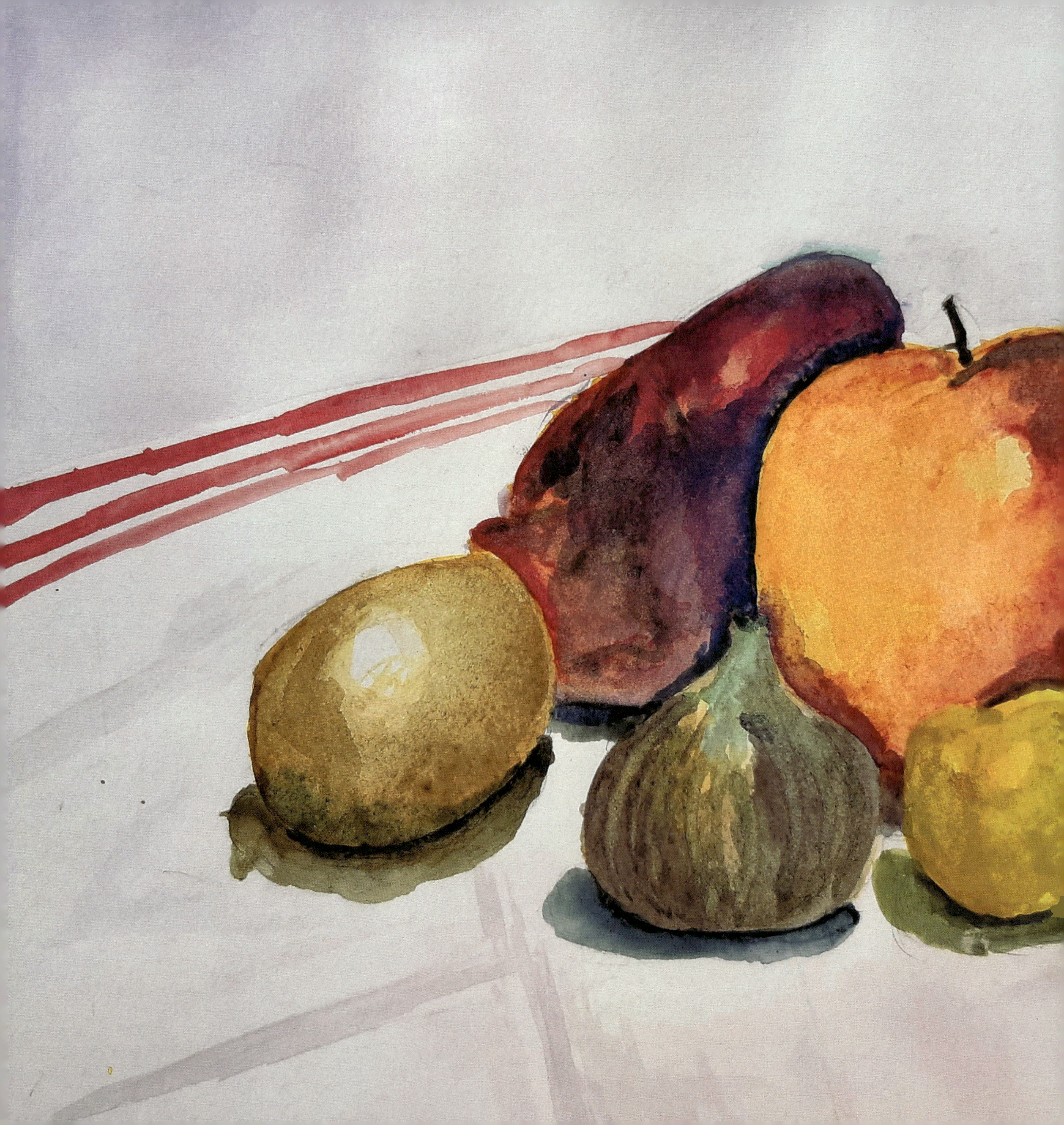

When we got home, and after we had eaten our food, she offered us the most delicious fruit. Green for the fig, orange for the apricot, and red for the peach.

Amikor hazaértünk, és miután ettünk, nagymama a legfinomabb gyümölcsökkel kínált minket. Zöld kell a fügéhez, narancssárga a kajszibarackhoz és piros az őszibarackhoz.

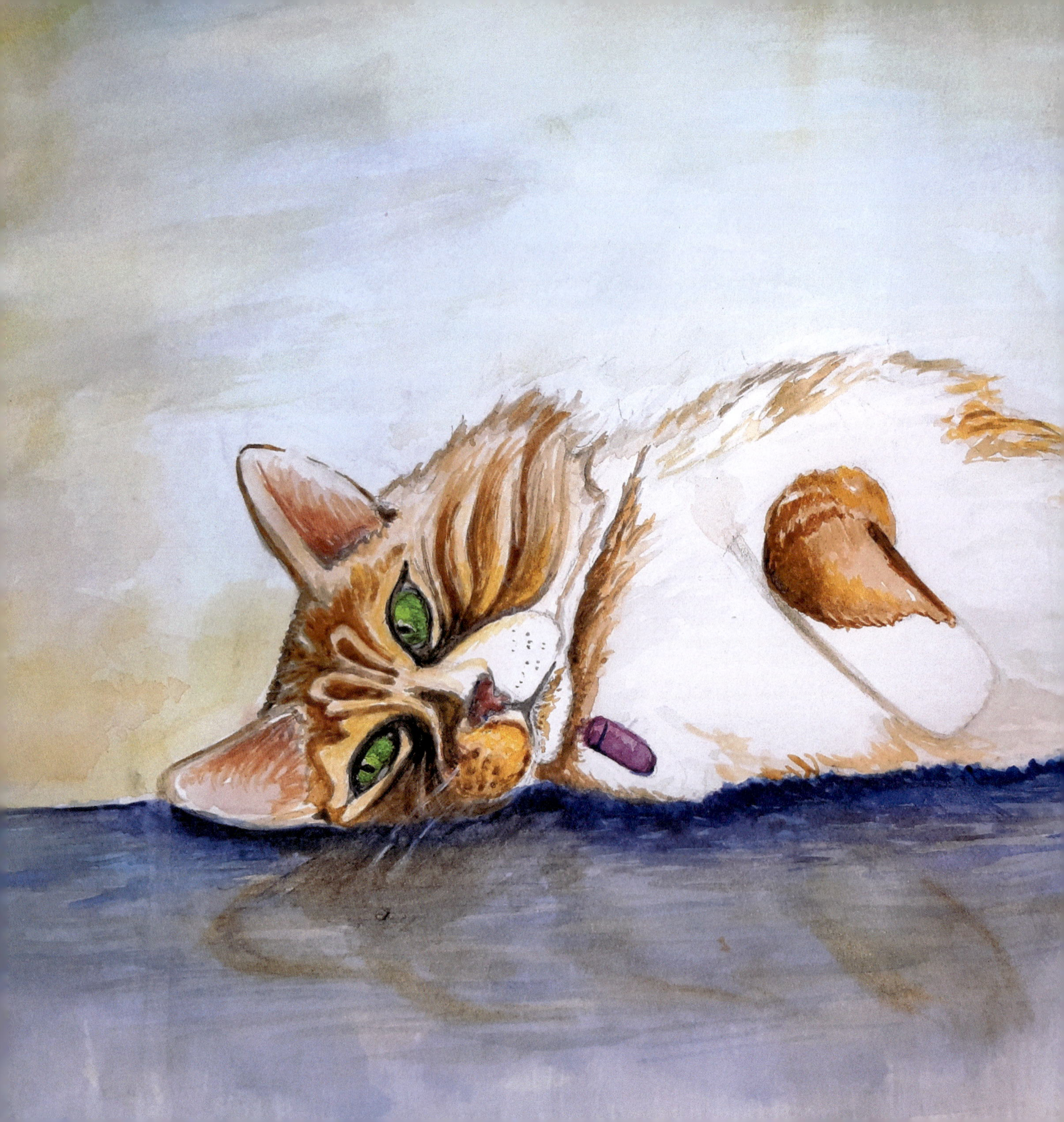

Grandma also had a cat. We played so many different games inside and outside, running after her in the narrow dead-end street. It was, indeed, Happiness Street! Her colors were white, brown, and bright green.

Nagymamának volt egy macskája is. Nagyon sok különféle játékot játszottunk bent és kint, szaladtunk a macska után a keskeny zsákutcában. Csakugyan az volt a boldogság utcája! A macska fehér, barna és élénkzöld volt.

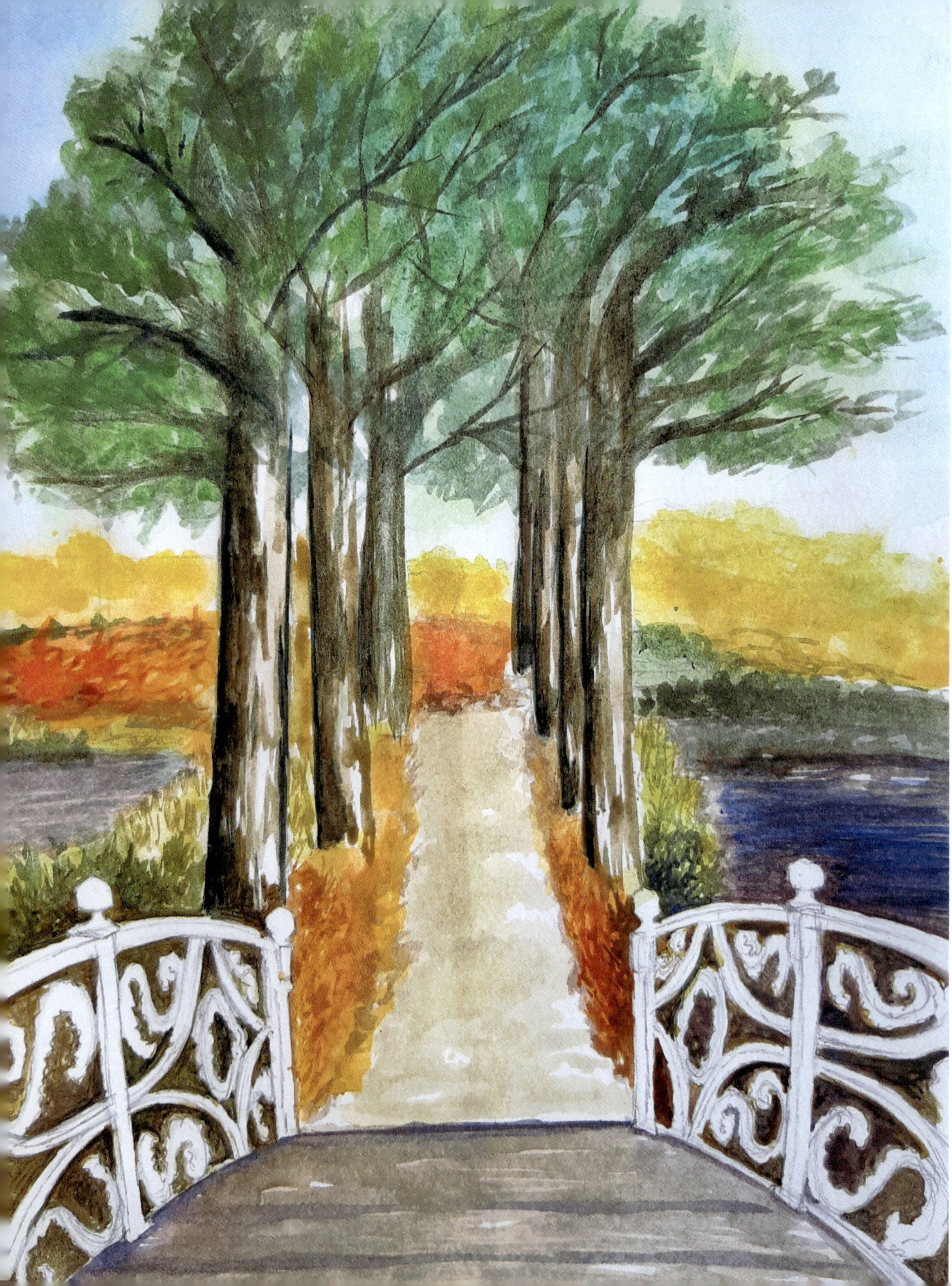

In the afternoons we used to take a stroll down the beach again. I'll mix brown, green, and white for the trail.

Délutánonként mindig lesétáltunk partra. Összekeverem a barnát, a zöldet és a fehéret az ösvényhez.

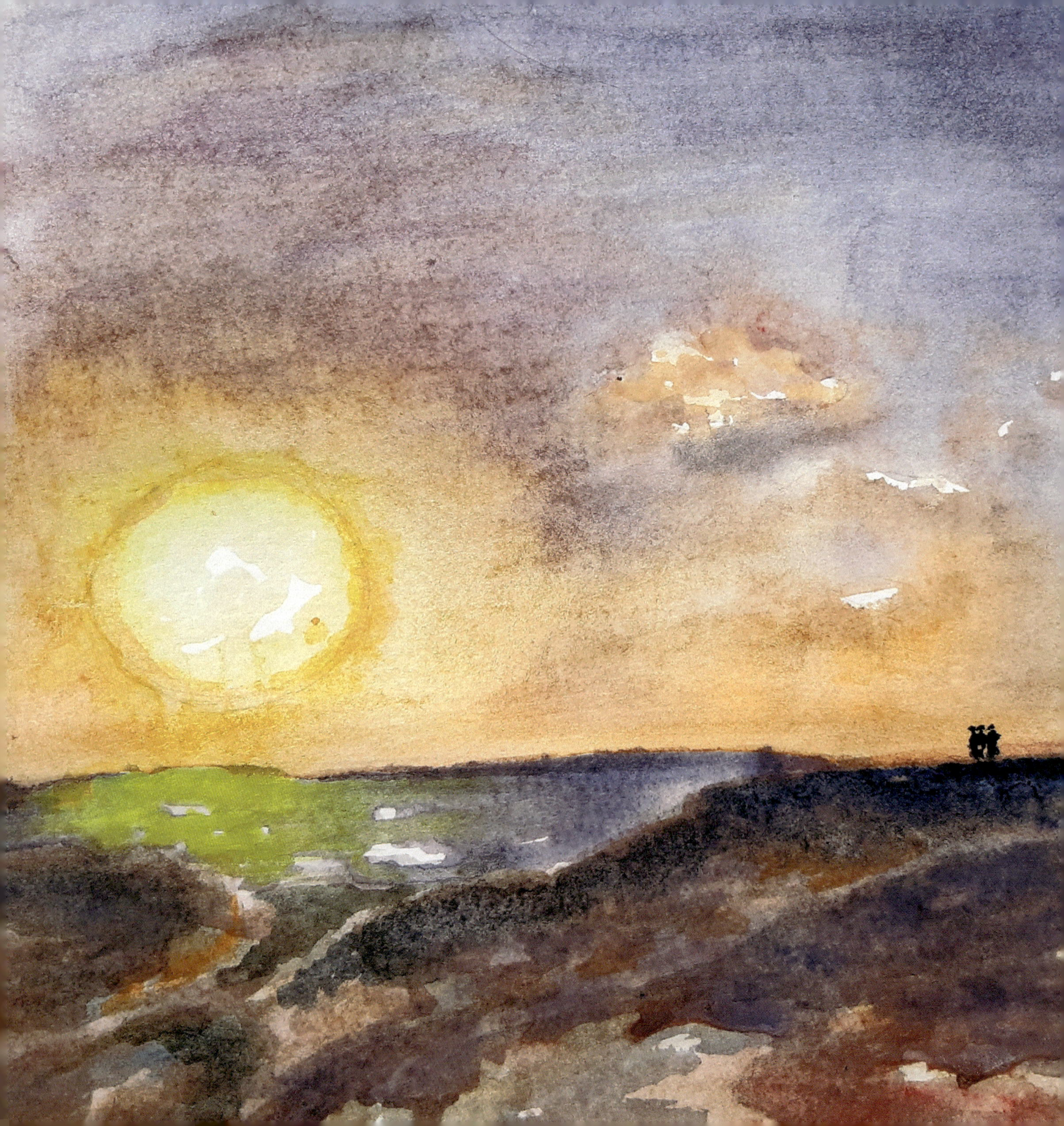

How beautiful those sunsets were!
We take a whole trip back in time
with a little purple, yellow, and brown.

Milyen csodásak voltak azok a naplementék! Visszamegyünk az időben egy kis lilával, sárgával és barnával.

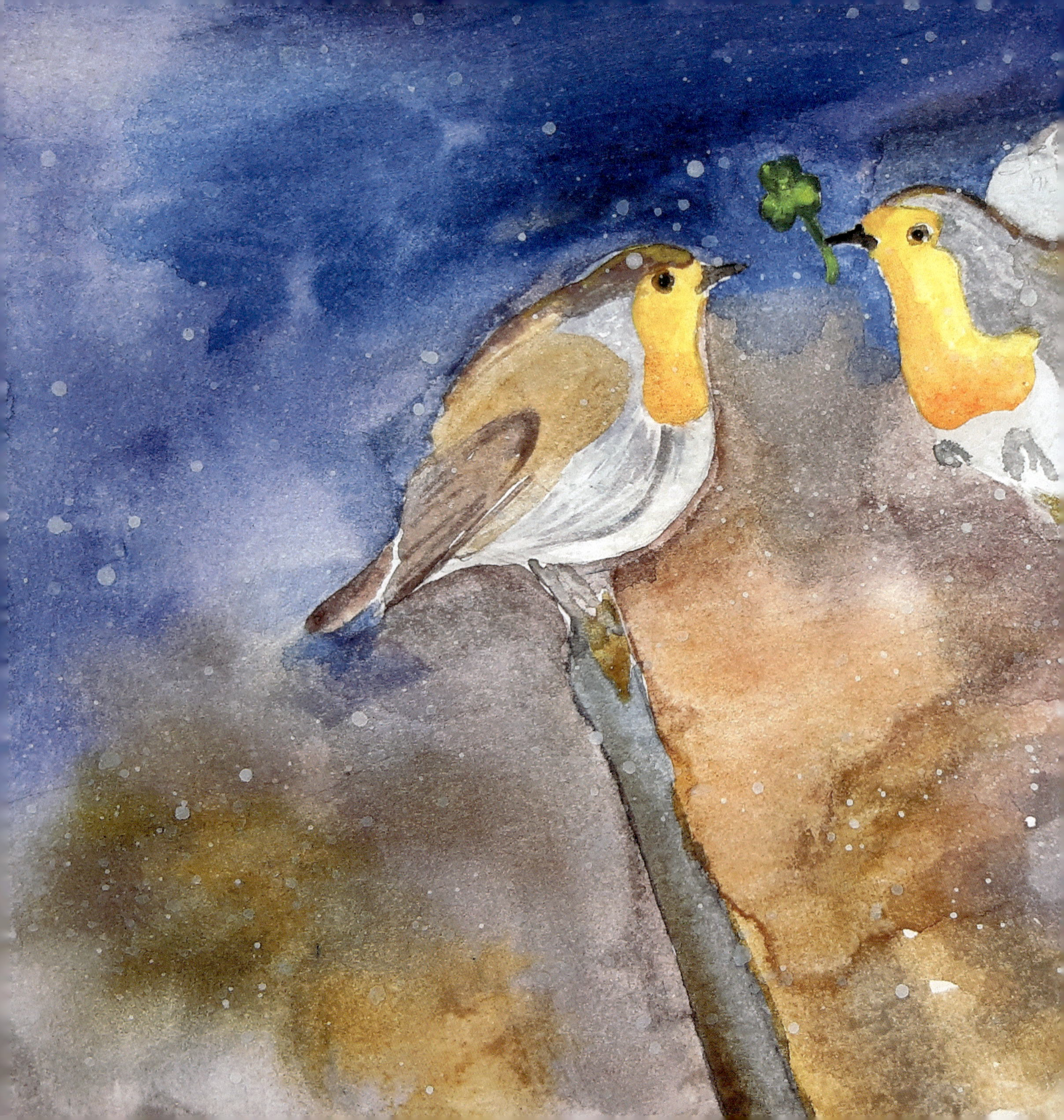

We'd bring our food with us, lay the mat down on the sand and eat under the starry sky. Dark yellow, dark blue, and a dash of red, and we're there again.

Vittünk magunkkal ételt, letettük a matracot a homokra, és a csillagos ég alatt ettünk. Sötétsárga, sötétkék és egy kis zöld, és máris ott vagyunk.

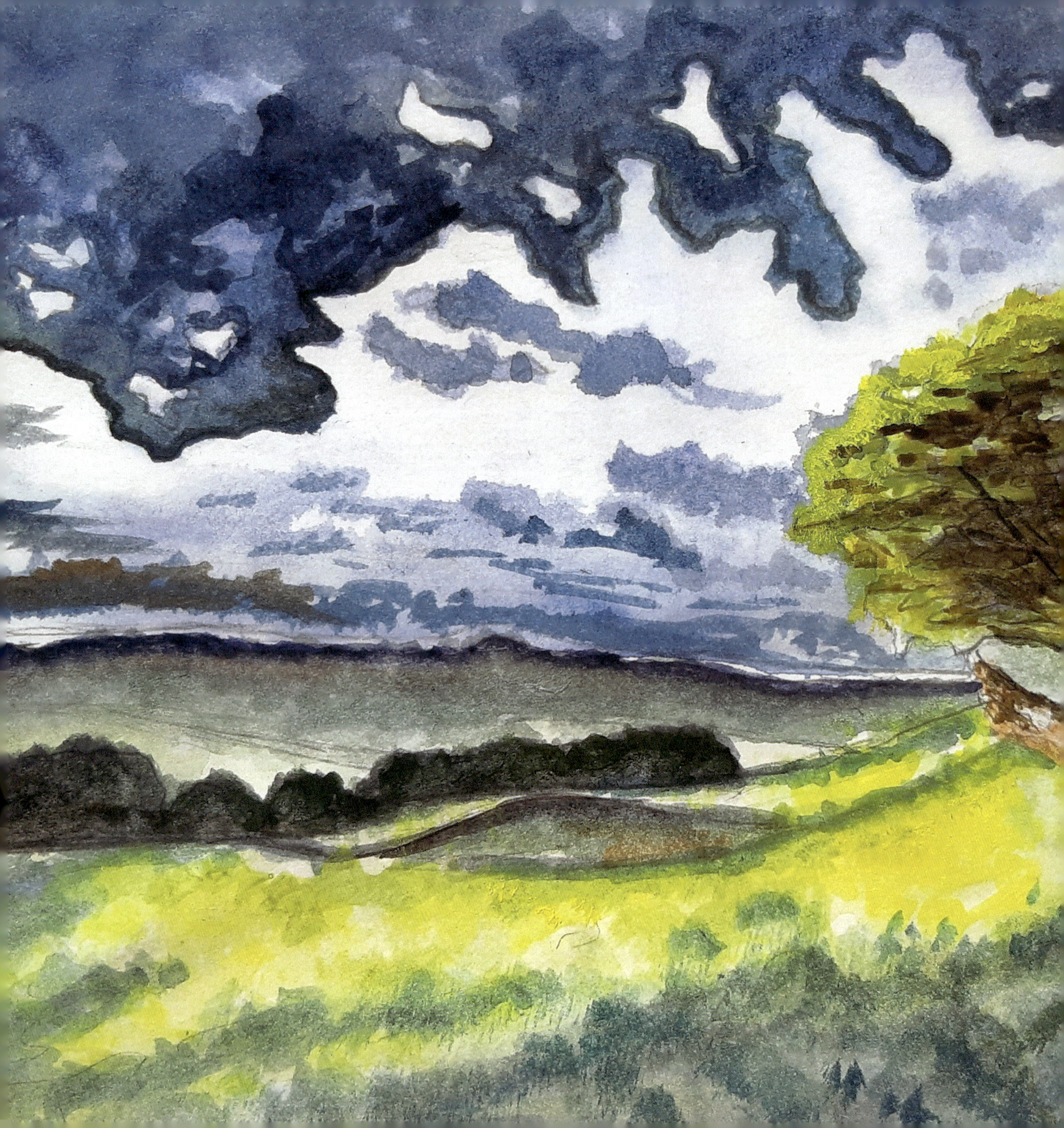

I remember the landscape changed dramatically when autumn came. We knew then that it was time to leave.
Mom was coming.
The colors are getting really dark now, intense blue, deep green.

Emlékszem, a táj teljesen megváltozott, amikor beköszöntött az ősz. Tudtuk, hogy ideje hazamenni. Jött anyukám. A színek most nagyon sötétek, mélykékek és sötétzöldek.

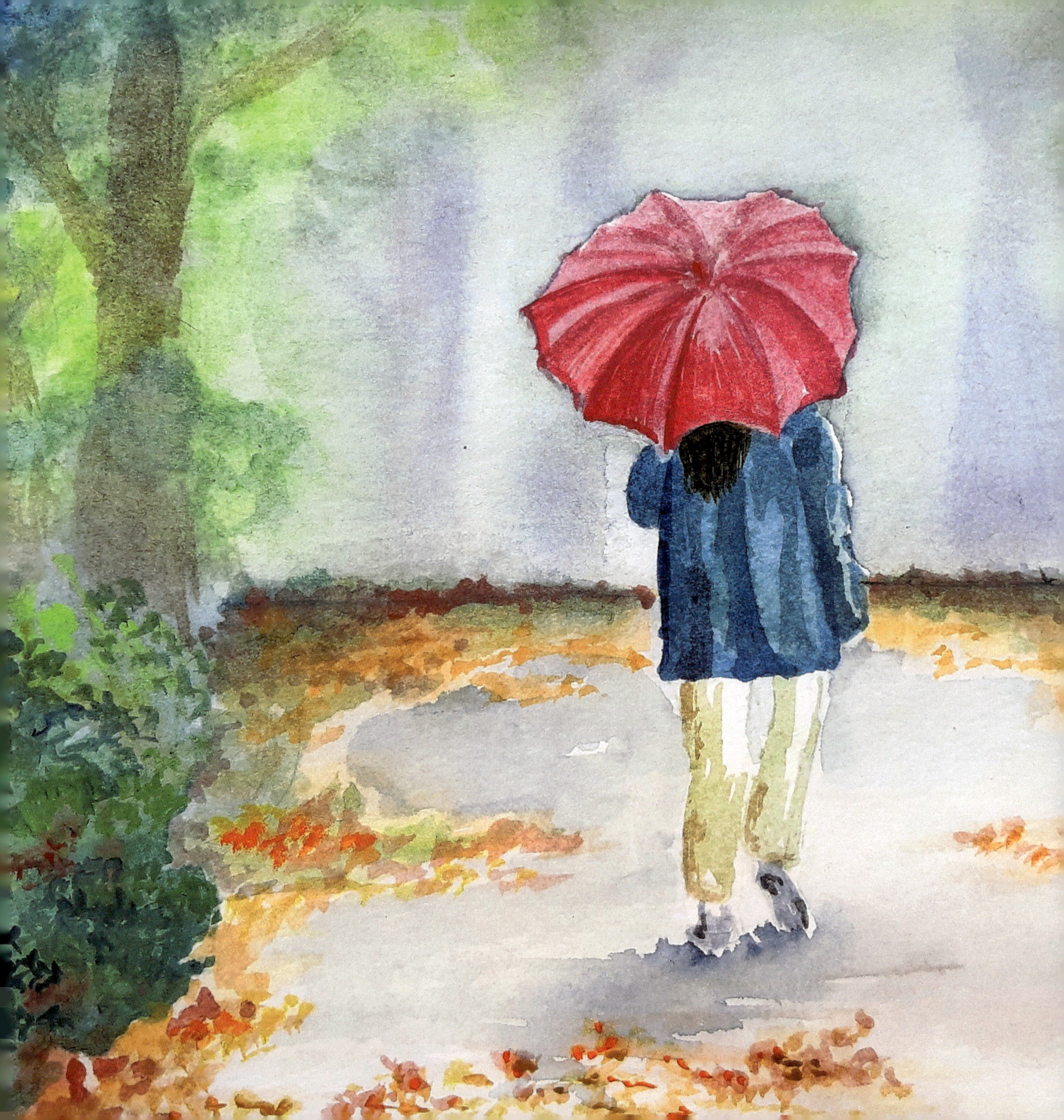

But look at the composition,
how it changes again,
and how the hazy colors are
making room for other
happier ones. Mom also brought
along with her white, pink,
and gold, and a promise that
yes, we would leave, but
we would come back again.

De nézzük csak, hogyan alakul át
megint a kép, és a komor színeket
boldogabbak váltják fel. Anya
hozott magával fehéret,
rózsaszínt és aranysárgát, és az
ígéretet, hogy igen, elmegyünk,
de újra vissza fogunk térni.

Dear Child,

Every summer has a story. This is a story inspired by my own childhood, and my sister's watercolors. Ask an adult to help you write down the words and draw the images of your own summer story, and send me an email at liza@maltamum.com I promise, I'll write back to you.

Dear Grown-up,

If you feel this book adds value to children's lives, please leave an honest review on Amazon or Goodreads.
A shout-out on social media and a tag #HappinessStreet would also be nothing short of amazing. Your review will help others discover the book and encourage me to keep on writing. Visit eepurl.com/dvnij9 for free activities, printables and more.

Forever grateful, thank you!

All my best,
Elisavet Arkolaki